# DE LA NÉCESSITÉ

# DE LA RÉVOLUTION

POUR

RAMENER L'EUROPE A LA RELIGION ET A L'ORDRE

PAR LA LIBERTÉ.

PAR **F. ALBOUYS**, AVOCAT,

AUTEUR DU DICTIONNAIRE CRITIQUE DES ERREURS DU 19e SIÈCLE.

*Respublicæ nullo munimento tutiores sunt*
*quàm virtute civium.* (CIC.)

La vertu des citoyens est le plus ferme
soutien des républiques.

PRIX : 75 CENTIMES.

## PARIS.

LIBRAIRIE DE BRICON, RUE DU VIEUX-COLOMBIER,
N. 19.

1831.

IMPRIMERIE DE BÉTHUNE,
Rue Palatine, n. 5.

# DE LA NÉCESSITÉ

# DE LA RÉVOLUTION

POUR

RAMENER L'EUROPE A LA RELIGION ET A L'ORDRE, PAR LA
LIBERTÉ.

Lorsque dans les beaux jours de l'été le ciel est long-temps
demeuré serein, les corps corrompus se multiplient, l'air devient
crasse et souvent infect, les hommes et les animaux souffrent de
cette uniformité, et des maladies plus ou moins dangereuses me-
nacent les êtres vivants. Bientôt l'horizon se charge de nuages
menaçants, les éclairs sillonnent le ciel, le tonnerre gronde avec
fracas; des grelons énormes ont frappé le toit de la chaumière
du laboureur qui pleure d'avance la destruction de ses récoltes,
soutien de sa vie et de celle de sa famille. Mais le vent a pris une
direction nouvelle, l'horrible nuée qui portait l'effroi dans les
campagnes a fui loin du séjour qu'elle menaçait, et quelques
gouttes de grosse pluie avertissent le cultivateur craintif que le danger a disparu. Une pluie abondante est la seule suite de l'orage
qui l'avait épouvanté, elle arrose ses champs sans les détériorer,
rafraîchit ses arbres et ses récoltes, et bientôt une nouvelle série
de jours purs et sereins vient rendre la joie à son cœur et l'espérance à son ame.

Tel est le tableau des vicissitudes et des révolutions qui arri-
vent de temps à autre dans ce monde sublunaire; les premiers
jours de la prospérité sont les seuls appréciés; l'oubli du bien-
faiteur des hommes, la corruption des mœurs, l'intérêt person-
nel, la jalousie empoisonnent bientôt les sources du bonheur des
nations; le mécontentement s'accroît, et les révolutions devien-

nent à la fois une suite nécessaire d'une trop longue carrière de paix et de bonheur, et un remède aux maux qui en avaient été la conséquence.

Des grands écrivains ont présenté le tableau des belles choses faites sous le gouvernement et sous les auspices de Louis le Grand, et de la corruption qui suivit ce règne de gloire sous la régence et sous Louis XV. D'autres ont représenté Louis XVI élevant la France dans un temps de paix presqu'au niveau de ce qu'elle avait été sous le gouvernement de son auguste aïeul; mais entre le siècle de Louis XIV et celui du grand et infortuné Louis XVI, aucun orage n'avait purifié l'atmosphère des miasmes impurs qui s'étaient amoncelés. Sous un roi éminemment vertueux la licence et la corruption des mœurs avaient fait de nouveaux progrès. Sous un roi religieux les ouvrages les plus impies avaient affaibli considérablement la foi dans le cœur d'un grand nombre de Français; un orage épouvantable pouvait seul ramener les citoyens à cet esprit de religion, de charité, de désintéressement, de pureté, conditions essentielles de la prospérité des états. Les seuls hommes capables de lutter avec succès contre l'esprit d'irreligion et de libertinage, les jésuites, chassés par la faction anti-chrétienne sous le règne de Louis XV, ne purent être rappelés par un prince débordé par la philosophie du jour. Que dis-je? il fut contraint lui-même de porter un coup funeste à la religion, en sanctionnant la spoliation des biens de l'Église, et cette constitution civile du clergé qui devait séparer l'Église gallicane de la racine qui seule pouvait la vivifier.

Déjà des nuages horribles s'amoncèlent sur notre malheureuse patrie, des éclairs épouvantables sillonnent l'horizon dans tous les sens, la foudre éclate, et un orage affreux vient nous apporter la désolation et la mort.

Cette brave noblesse française, qui avait si long-temps donné des preuves de courage et de fidélité à ses rois, est forcée de chercher un asile sur les terres étrangères; les princes fuient eux-mêmes, contraints d'abandonner leur frère et leur roi à la rage des méchants; Louis XVI, qui cherche à se sauver, est arrêté au milieu de sa course; il est ramené prisonnier au milieu de ses sujets révoltés contre son pouvoir légitime; la république est décrétée, le petit fils d'Henri IV est mis en jugement.

Quoique d'un âge où des souvenirs ordinaires ne pourraient me rappeler cette sanglante catastrophe, les maux que ma famille a soufferts sont demeurés trop présents à mon esprit pour que j'aie jamais pu l'oublier. Mon respectable père eut le malheur de se trouver au milieu de cette horde de cannibales affamés du sang de leur roi. A peine arrivé dans cette assemblée atroce, il écrivit à sa famille : *Si nous sommes dix qui croyons en Dieu, c'est le bout du monde;* bientôt il est appelé à émettre son vote sur le jugement du roi, et sa réponse est en substance : « 1° Louis Capet, fût-il coupable de tous les crimes que ses ennemis lui imputent, ne peut pas être jugé; 2° peut-il l'être, la convention n'a pas reçu du peuple des pouvoirs suffisants pour procéder à ce jugement. » Son opinion est rejetée. Forcé de donner sa voix lors du jugement, il vote pour le bannissement et enfin pour la réclusion; il fit même des efforts inouis pour ramener à son opinion ceux de ses collègues qu'une terreur malheureusement trop imminente avaient portés à suivre le vote de Maille ou à ne pas se présenter, et il eut le bonheur de ramener cinq à six députés, mais ses efforts sont inutiles, le roi martyr est condamné; et les Parisiens laissent consommer au milieu d'eux cet assassinat juridique.

Cependant le régicide ne fut point le seul crime de cette malheureuse révolution, il fut précédé ou suivi d'une foule d'atrocités. Les incendies, les dévastations, les pillages, les massacres de septembre avaient été les préludes de ce bouleversement général ; mais, après la mort du roi, on vit l'instrument des supplices en permanence au milieu des places publiques de Paris et des départements, et comme cet instrument de mort n'allait pas assez vite au gré des niveleurs, ici, des femmes, des enfants, des vieillards étaient impitoyablement fusillés; là, des délégués de ce gouvernement de sang rassemblaient des victimes qu'ils faisaient tout à coup mitrailler; là, des bateaux à soupape renfermaient les malheureux dévoués à la mort, et un coup de hache donné aux sabords engloutissait au fond des abymes, des nobles, des prêtres, des religieuses, des femmes enceintes ou nourrices et de pauvres laboureurs.

L'orage s'apaise, mais le calme n'est pas encore rétabli; les prêtres et les émigrés sont encore poursuivis et condamnés à la mort ou à la déportation. Mais que faisaient, pendant ces temps de désolation, les ames vraiment chrétiennes, les prêtres, les religieuses, que de profondes retraites ou des asiles bienfaisants mettaient à couvert de la tempête! ils adressaient au ciel des prières ferventes pour la conversion de leurs persécuteurs, ils offraient à Dieu en expiation des crimes de leurs concitoyens, leurs larmes, leurs souffrances, leurs privations.

Enfin les nuages semblent se dissiper, un nouveau jour semble vivifier la nature; un grand homme revient des rivages du Nil, et semble d'abord faire renaître la France à un ordre de choses plus heureux. Les émigrés rentrent, les prêtres sortent de leurs cavernes, les temples se rouvrent, les chrétiens y affluent en foule.

La jeune France ne se rappelait plus les Bourbons, dont la dynastie était pour elle ce qu'était, sous le règne de Louis le Grand, celle des Mérovingiens ou des descendants de Pépin. Moi-même, je l'avoue, malgré les pénibles souvenirs de la révolution, qui m'avait enlevé mes père et mère dès l'âge de l'enfance, et qui avait anéanti plus de la moitié de notre fortune; quoique l'éducation que j'avais reçue me fît regretter les descendants de saint Louis, je désespérais de revoir jamais cette dynastie regrettée; je m'étais franchement rattaché à celle du nouveau souverain, auquel je prêtai serment de fidélité comme avocat.

Cependant le meurtre du duc d'Anghien, l'usurpation de l'Espagne, celle du royaume du saint Père bien plus injuste encore, cette ambition démesurée qui portait le nouvel empereur à sacrifier à ses projets d'agrandissement et à l'établissement de son blocus continental, tous les hommes capables de porter les armes, ranimèrent mes regrets sur la perte de la dynastie des Bourbons, et le jour où ils durent rentrer en France fut un jour de fête pour moi, comme pour tous les Français.

Louis XVIII, surnommé à juste titre le désiré, rentra en France non point imposé par les bayonnettes étrangères, comme ont osé l'avancer les ennemis de sa dynastie, mais appelé par le vœu de la grande majorité des citoyens, qui reconnaissaient que les Bourbons seuls pouvaient relever la France de ses misères, combler les abîmes des révolutions, et rétablir la paix, le commerce et le crédit public. Les princes étrangers, qui ne faisaient qu'une guerre défensive, qui ne voulaient point démembrer le royaume, mais s'assurer leurs possessions, accédèrent au vœu de la nation, qui rappelait son roi légitime.

Ce roi philosophe chrétien rentra avec l'intention bien prononcée de faire le bonheur de la France. L'histoire de la révolution, et la connaissance du cœur humain, qu'il possédait à fond, lui avait appris que la France avait soif de liberté, mais qu'elle abhorrait la licence. Aussi, dans son exil, avait-il préparé cette charte qui devait assurer le bonheur de la patrie. Mais la révolution avait créé de nouvelles existences; les hommes nouveaux possédaient tous les biens vendus par la nation, qui avaient appartenu à l'Église ou à la noblesse, ils étaient revêtus des plus hauts emplois; le sénat était plein d'hommes de la révolution. Louis XVIII crut devoir transiger avec ce parti, il confirma les ventes des biens nationaux, il laissa aux hommes en place les hautes dignités dont ils étaient revêtus; sa position, et la situation de la France rendaient ces dispositions nécessaires, il était d'ailleurs impossible sans fomenter la haine qui existait entre les anciennes familles et les parvenus, de revenir sur ces ventes; tout fut consolidé.

Mais ces hommes nouveaux, revêtus des premières dignités, ne se contentèrent pas de stipuler la paisible possession de leurs domaines et de leurs places; ils voulurent en être les possesseurs exclusifs, ils voulurent les rendre perpétuelles dans leurs familles. De là, ces articles 38 et 40 de la charte de 1814, qui établissaient une nouvelle aristocratie, la plus odieuse de toutes, celle de la fortune. Les éligibles seuls eurent l'espoir d'entrer à la chambre des députés qui était la voie nécessaire pour parvenir aux honneurs et aux emplois les plus lucratifs, les seuls électeurs eurent celui de glaner après les députés quelques faveurs du gouvernement, et d'obtenir les places moyennes. Mais, d'un autre côté, l'ancienne noblesse, privée de tous ses biens pour la cause de la légitimité, obtint quelques misérables pensions sur la cassette royale, et ces faibles dédommagements, ces égards, ces consolations excitèrent l'envie des enfants de la révolution et de l'empire. L'usurpateur fut rappelé au grand déplaisir de la majorité des Français, et ramena avec lui la détresse, la ruine du commerce, la guerre étrangère. La France fut bientôt délivrée de ce joug imposé par les hommes décorés des rubans de l'usurpation, et les Bourbons rentrèrent encore, plutôt rappelés par la France, délivrée des obstacles qui gênaient la manifestation de ses vœux, qu'imposés par la sainte alliance.

Louis XVIII, en remontant sur le trône de ses pères, avoue qu'il avait commis des fautes qui avaient pu causer son second exil : mais de quelle nature étaient ces fautes ? Le libéralisme crut voir dans cet aveu que le roi se repentait d'avoir accordé trop de faveurs à la noblesse, qui cependant était encore couverte des honorables haillons que la révolution lui avait faits. Louis XVIII commit sans doute des fautes : ce fut de laisser sans récompense ces braves Vendéens qui avaient sacrifié, pour le trône et la religion, leur vie et leurs pauvres chaumières, brûlées et saccagées par le fer et le feu de la révolution.

La seconde restauration rendait au roi sa parole, elle doublait ses forces augmentées de la crainte conçue par les Français du retour de la conscription et des réquisitions ; ceux-ci n'attendaient que l'exécution d'une promesse faite au nom du roi par le comte d'Artois, L'ABOLITION DES DROITS RÉUNIS SUR LES BOISSONS.

Le roi devait aussi, dans l'intérêt de la classe moyenne, rapporter les articles 38 et 40 de la charte, suivre l'inspiration de la chambre de 1815, qui, quoique traitée de rétrograde par les prétendus libéraux, n'en est pas moins la seule qui ait compris les libertés que la France désirait. Mais au moment où les fidèles sujets du roi, où les hommes vraiment libéraux attendaient cette importante modification, le 5 septembre arrive, et la France sous un Bourbon est placée sous la domination des ennemis de cette famille. Ce fut alors pour la première fois que les élections furent faussées sous l'influence d'un ministère du roi, ce ne fut ni en faveur des Bourbons, ni en faveur de la liberté, mais seulement dans l'intérêt des parvenus de la révolution. Ce fut alors que se développa et grandit d'une manière effrayante ce colosse qui devait un jour, au nombre de deux cent dix-neuf députés , exclure du trône de leurs pères et chasser de France trois générations de rois. Dans ces temps pénibles on était puni de l'attachement que l'on portait à son roi par les avanies et les destitutions. On disait déjà hautement que Louis XVIII régnerait jusqu'à sa mort , mais que sa dynastie était perdue pour toujours.

Cependant un prince , l'amour et l'espérance des Français , tombe sous le poignard d'un scélérat dont l'aveugle audace avait été excitée par la lecture de la *Minerve* et autres journaux favoris de l'opposition prétendue libérale. Ce crime dissipa enfin l'aveuglement de Louis XVIII. Un loyal député osa signaler les menées du libéralisme introduit jusqu'au faîte du ministère. Je n'examinerai pas ici si l'accusation contre le président du conseil était fondée , mais toujours est-il certain que s'il n'avait porté au mal , il l'avait toléré d'une manière scandaleuse , et avait été la cause , du moins indirecte , du crime qui venait de plonger la France dans le deuil.

Le roi, éclairé, pensa, mais trop tard, à appeler dans ses conseils un ministère royaliste : M. de Villèle devint président du conseil. La France espérait de ce ministère les avantages dont la fatale ordonnance du 5 septembre l'avait privée ; ce ministère fut en effet celui qui sembla d'abord nous conduire à un meilleur ordre de choses, il fit beaucoup de bien et semblait arriver à une complète régénération, mais il s'arrêta à l'entrée du port du salut, et ne sut profiler de ses avantages. Placé entre l'ancienne noblesse riche ( car la pauvre fut encore oubliée ) et les parvenus de la révolution , il se mit constamment entre ces deux partis , et ne sut se délivrer des chaînes dont ils le chargeaient pour chercher les véritables intérêts de la France. Il proposa une loi du droit d'aînesse dont le but était de maintenir les familles actuellement existantes; mais excepté le milliard accordé aux émigrés, rien ne fut fait pour relever les familles royalistes ruinées par la révolution : cette loi du droit d'aînesse était d'ailleurs insignifiante et ne méritait ni les applaudissements ni les murmures qu'elle excita. Il fit une loi sur le sacrilège , loi dérisoire et plus injurieuse que favorable à la religion catholique; mais les volontaires royaux, les Vendéens furent oubliés, et le système doctrinaire que M. de Villèle n'avait pas l'intention de favoriser, grandit cependant encore à l'ombre de son gouvernement de manière à donner les premières secousses qui devaient hâter la chute du trône.

Tout fut fait pour l'aristocratie de la fortune ou pour la noblesse riche , rien pour la noblesse pauvre et pour la roture éclairée , fidèle et ruinée par la révolution , rien pour la consolidation de la religion , rien pour empêcher la circulation des millions de livres infâmes respirant le matérialisme ou l'absence des bonnes mœurs. La censure la plus vexatoire fut établie , mais elle ne s'exerça que contre les ennemis du ministère , pendant que tous les jours ce que la religion a de plus respectable était poursuivi à outrance dans les journaux et les brochures du libéralisme.

A ce ministère , qui fut cependant le meilleur qui ait gouverné la France depuis la restauration , succéda celui de 1828. Ministère vraiment déplorable à en juger par ses actes. Il avait fait concevoir d'abord des espérances de liberté , mais il ne fut marqué que par l'observation de cet ordre prétendu légal qui consistait à tout sacrifier à l'exécution des arrêts du parlement les plus vexatoires, des lois les plus tyranniques de la révolution, et des décrets du despotisme impérial.

Ce ministère émit une loi électorale qui devait mettre les partis en présence et affaiblir l'autorité du roi , concession faite non à la liberté, mais aux doctrinaires. Il contresigna les ordonnances du 16 juin , violation ouverte de la charte, concession faite au libéralisme en haine de la liberté , à l'impiété de la presse en haine de la religion. Ce ministère ne pouvait subsister plus longtemps sans amener la chute du trône. Le roi Charles X se ravisa, mais il n'était plus temps : la France avait été libéralisée par les mécontentements excités par le ministère de M. de Villèle , et par les récompenses accordées au système philosophique par le ministère Martignac. L'opinion était égarée , il était presqu'impossible de la ramener en l'éclairant. La révolution était flagrante, elle était annoncée par un grand nombre d'écrivains. Moi-même, dans mon premier volume du *Dictionnaire critique des erreurs du* xix° *siècle* que j'ai livré au public au commencement de l'année 1829, et dans le second que je n'ai pas eu le temps de livrer à l'impression, je signalais déjà cette terrible catastrophe comme difficile à prévenir, quoique je prévisse les malheurs qu'elle devait entraîner après elle.

Cependant il était peut-être un moyen de sauver la France : ce n'était point par les démarches employées pour influencer les élections, démarches toujours odieuses, mais malheureusement ridicules dans les temps où nous nous trouvions. Ce n'était point par les ordonnances du 25 juillet qui ont donné si beau jeu aux ennemis de Charles X, malgré l'intention manifestée par son ministère de revenir à l'exécution pleine et entière de la charte. Ce n'était pas par ces moyens illusoires que la France pouvait être sauvée ; voici ce qu'il me semble que le ministère Polignac aurait dû faire pour empêcher la révolution si elle n'eût pas été trop avancée. Il devait combattre les injustes aggressions du libéralisme en accordant au peuple le bonheur et la liberté ; abolir en premier lieu l'impôt sur les boissons, révoquer les ordonnances du 16 juin, laisser au peuple la nomination des magistrats populaires, et comme il était impossible de connaître l'opinion de la France par les nominations de députés faites par des électeurs trompés par la presse libérale, appeler tous les citoyens à nommer une députation extraordinaire qui aurait été chargée d'apporter à la charte toutes les modifications que la France aurait pu désirer, et de former un système de lois en rapport avec cette charte ; suspendre cependant pendant quinze jours ou un mois tout au plus la liberté de la presse, pour empêcher l'influence des journaux de l'opposition, et même celle des journaux ministériels, et veiller dans chaque localité à ce que chaque citoyen donnât sa voix librement et sans être mu par aucune considération étrangère à sa propre opinion. Ces moyens n'étaient pas infaillibles sans doute, mais ils étaient toujours préférables aux ordonnances, quand même elles eussent été appuyées par soixante mille hommes bien déterminés, et par l'approche des colonnes étrangères. Ce secours des armes que certains royalistes regrettent qu'on n'ait pas employé n'eût été qu'un dangereux palliatif qui eût empêché momentanément la révolte à Paris, mais qui n'aurait pu arrêter les soulèvements que le comité-directeur avait préparés dans les départements, et qui auraient été suivis de la guerre civile et du massacre des royalistes et des prêtres.

Je viens de parcourir avec la plus grande impartialité les fautes de la restauration, elle portait avec elle un germe de mort qui devait tôt ou tard faire écrouler le trône de saint Louis, mais cette restauration, malgré ses fautes, n'a pas été le temps le moins heureux, le moins prospère des quarante - deux années dans lesquelles nous avons vécu ; elle a résisté quinze ans. Semblable à un jeune homme qui, atteint d'une maladie organique, lutte avec vigueur contre son mal, la nature de sa constitution primitive le défend long-temps contre le vice de ses viscères, elle lutte d'abord avec avantage, mais enfin ses forces épuisées ne peuvent plus soutenir le combat, et le jeune homme succombe au milieu de ses parents et de ses amis, frustrés dans l'espoir qu'ils avaient de le conserver encore.

La restauration était parvenue à payer les dettes d'une révolution désastreuse, elle avait été forcée d'acquitter les frais de guerre que l'infidélité des ennemis du roi avait fait peser sur la France, elle avait consolidé la vente des biens des émigrés en accordant à ceux-ci le milliard d'indemnité, elle avait construit des canons, des ponts, des routes, elle avait, aux environs de Marseille, formé ce nouvel asile pour les vaisseaux, ouvrage digne des Romains, en comblant les profonds abîmes de la mer ; les sciences, les arts, les lettres avaient été encouragés, les manufactures et le commerce étaient dans la situation la plus prospère, le crédit public augmentait tous les jours ; une armée française conduite par un Bourbon avait dans l'espace de deux mois parcouru en triomphe toute l'Espagne et planté le drapeau d'Henri IV sur les murs du Trocadéro, où la toute puissance de Napoléon échoua. A Navarin une flotte française avait vaincu les ennemis de la liberté des Grecs, enfin son dernier acte, comme si au moment de périr elle eût voulu comme le cigne faire remarquer sa mort par des sons plus harmonieux, avait été de détruire ce repaire de tyrans barbares qui , forts de leur impuissance à faire le bien , réunissaient toutes leurs ressources pour piller les nations et réduire leurs citoyens à l'esclavage. Il a fallu le siè-cle du philosophisme, improprement appelé siècle des lumières , pour que le défenseur de la liberté des Grecs , celui qui a aboli l'esclavage d'Alger, pût être accusé de despotisme et de tyran-nie ; mais je me trompe , ce siècle n'est pas moins le siècle des lumières; malgré l'aberration de quelques hommes, elles s'avan-cent à grands pas, elles nous pressent, et à la nuit la plus obscure va succéder un beau jour : heureux qui pourra en être éclairé!

A cette esquisse des bienfaits de notre fragile restauration, op-posons le tableau des fautes et des malheurs de notre *glorieuse* , *heureuse* révolution , comme on voudra l'appeler.

Dès le 26 juillet, les mécontents s'assemblent dans les galeries et le jardin du Palais-Royal pour y lire les journaux condamnés au silence ; les rédacteurs, d'autant plus furieux qu'ils voyaient tarir la source de leurs revenus, avaient exhalé toute la bile dont ils étaient pleins; non contents de rendre publiques leurs provo-cations à la révolte , jugeant sans doute le sens de la vue trop froid pour faire passer dans l'âme des Parisiens la haine qui les animait contre la Religion et contre le trône , ils montent sur des chaises et sur les bornes des rues, et haranguent, de ces tribunes improvisées, la foule qui les écoute la bouche béante, et qui n'at-tend que le signal pour marcher où l'appelèrent les instigateurs de la révolte.

La lutte commence, les soldats du roi sont d'abord attaqués ; ils se défendent, le sang commence à couler : les morts , d'abord en très-petit nombre , sont promenés dans toutes les rues de la capitale ; la vue de ces cadavres, le cri aux armes proféré par une populace débraillée, les excitations des journaux et des af-fiches , les décharges des fusils , le bruit du canon, la foule qui va et qui vient comme les flots de l'Océan agités par la tempête , tout inspire la crainte aux royalistes , et la fureur aux libéraux et à une populace ignorante. Bientôt le carnage redouble , des barricades sont construites, la garde royale est repoussée , le dra-peau tricolore flotte sur le pavillon du roi : tout est perdu !......

Cependant quelques députés s'assemblent à la hâte ; les uns, ceux de l'extrême gauche, veulent proclamer la république ; les autres, plus modérés, espèrent encore un arrangement, et présentent le Duc d'Orléans comme Lieutenant-général du Royaume. Le Roi Charles X lui même espère tout de cette nouvelle combinaison ; il s'empresse d'appeler le Duc d'Orléans à cette haute fonction ; il abdique la royauté, son fils imite son exemple, il ne reste plus qu'un enfant !......

De nombreux regrets ont été manifestés sur une décision qui l'excluait du trône, de plus nombreux encore lorsque la chambre l'a chassé pour toujours de sa patrie, et a ordonné la vente de ce domaine de Chambord, présent par lequel la nation entière avait salué sa naissance miraculeuse. M. de Kergorlay, M. de Châteaubriand ont osé les proclamer hautement, mais le refus de serment de la part d'un grand nombre de fonctionnaires recommandables, n'est-il pas aussi une protestation des plus énergiques contre la délibération des chambres ?

Je suis forcé de croire, a dit Tertullien, des témoins qui se font égorger, et moi je dirai : Je crois à la sincérité, à la conviction, au désintéressement des pairs de France, des magistrats, qui ont abandonné des postes honorables, des emplois plus ou moins lucratifs, presque tous leur aisance, un grand nombre d'entre eux, les moyens de soutenir leur existence et celle de leurs familles, pour demeurer fidèles aux principes qu'ils professaient.

Cependant la chambre des députés s'assemble, et le 7 août elle proclame Louis-Philippe Iᵉʳ, Roi des Français ; elle le déclare appelé au trône en vertu de la souveraineté du peuple qu'elle proclame aussi. Je ne discuterai pas ici la question de savoir si les députés avaient le droit de déclarer le trône vacant, de créer une nouvelle dynastie, d'éliminer de la chambre des pairs 72 de ses membres nommés constitutionnellement par Charles X ; de composer une Charte nouvelle des débris de celle qu'ils avaient jurée, et d'anéantir l'inamovibilité de la magistrature en l'astreignant à un serment évidemment en contradiction avec celui que les magistrats avaient prêté lors de leur installation. Si nos législateurs ont suivi l'impulsion de leur conscience, s'ils croient avoir travaillé pour le bonheur de leur pays, qu'ils recueillent la louange qu'ils méritent ; s'ils ont mal fait, Dieu sera leur juge.

Mais quel bien a produit cette *heureuse* révolution ?

Elle a donné des places à des hommes qui n'en avaient point sous la restauration.

Mais les nouveaux fonctionnaires n'ont pu obtenir ces places qu'en les ôtant à ceux qui les avaient avant eux ; nous trouvons donc déjà, en mettant de côté tout intérêt particulier, que le bien des uns est compensé par le mal des autres. Et plût à Dieu que les maux soufferts par la France, depuis la révolution de juillet, se bornassent à des destitutions, ou à des démissions volontaires ou forcées ! S'il en était ainsi, nous ne pourrions nous associer en prêtant un nouveau serment à un gouvernement qui n'a pas reçu nos premières promesses, mais nous lui saurions gré de tout le bonheur de nos concitoyens. Nous ferions avec le plus grand plaisir le sacrifice des émoluments attachés à la place que nous occupions si nous voyons nos frères, nos voisins, sous les Français libres et heureux.

La révolution nous avait promis de larges économies, que tient-elle ? 80 millions de dégrèvements sont placés sur les rôles des contributions, le ministère demande 55 centimes additionnels sur les biens dont les maîtres ne peuvent vendre leurs récoltes, 50 centimes d'addition aux patentes aux négociants dont les boutiques sont fermées ; les portes et fenêtres, l'imposition mobilière sont augmentées lorsque le prix des maisons et celui des loyers diminue ; les bois de l'état sont aliénés, des crédits supplémentaires, des emprunts sont accordés.

D'un autre côté, les fabriques ont cessé leur travail, les ouvriers de Paris, de Lyon, de Bordeaux, et généralement ceux de toutes les villes commerçantes et manufacturières manquent d'ouvrage et par conséquent de pain.

Des émeutes fréquentes réveillent de temps à autre les craintes de tous les hommes paisibles ; à Paris le roi du choix de la nation est menacé de mort par les dignes successeurs des assassins de 1792. L'évêché est pillé et saccagé deux fois, les chambres sont insultées dans les journaux, et par les proclamations d'une jeunesse égarée ; quoique la religion catholique soit déclarée par la charte celle de la majorité des Français , les églises sont dévastées , les ornements profanés , les croix élevées sur le dôme de nos temples sont renversées.

Je ne parlerai point des soldats citoyens obligés de s'habiller à leurs frais, dépense énorme pour des gens ruinés par l'extinction du commerce ; du temps qu'ils sont contraints d'employer soit au corps de garde, soit sur les places publiques , où ils vont dissiper les émeutes ; de ces levées d'hommes et de cette armée portée au grand complet lorsque le gouvernement nous assure de la disposition pacifique des puissances.

Je ne rappellerai point l'abandon dans lequel gémissent les peuples qui ont suivi notre exemple, lorsqu'ils ne se sont levés que dans l'espoir que nous soutiendrions un principe que nous avions avancé.

Tous ces maux sont, dit-on, occasionnés par les circonstances plus fortes que les hommes ; tout s'arrangera , nous dit-on, avec le temps , et nous avons au moins déjà la liberté que nous désirions par-dessus tout.

Tout s'arrangera , je l'espère aussi , et ce sera quand nous aurons la liberté ; mais l'avons-nous encore ?

La liberté des cultes est proclamée , et les églises et les palais épiscopaux sont pillés , les directeurs et les élèves des séminaires sont chassés de leurs maisons , les croix sont enlevées de tous les lieux publics, les prêtres catholiques sont hués, poursuivis , maltraités , leurs justes plaintes sont méprisées , et ceux même qu'on a tenté d'assassiner sont punis de la faute de leurs assassins, par les préfets qui exigent leur déplacement , au grand regret de la majorité de leurs paroissiens.

Nous avons la liberté de la presse ,..... nous l'avions au moins sous Charles X pendant le règne duquel les journalistes n'ont cessé de conspirer contre sa dynastie. Mais aujourd'hui M. de Kergorlay, condamné à six mois d'emprisonnement pour avoir motivé le refus de son serment, les gérants de la Gazette , de la Quotidienne , de l'Avenir condamnés pour des insertions dont la fausseté n'a point été prouvée , la timidité des journalistes et des auteurs de la fidélité, tout cela prouve-t-il en faveur de la liberté de la presse ?

Nous avons la liberté individuelle, la liberté du domicile; mais des circulaires envoyées par le télégraphe ordonnent aux préfets de faire des perquisitions, les domiciles sont fouillés, l'arme unique que chaque citoyen peut conserver pour sa défense est saisie, les lettres les plus confidentielles sont lues, les secrets des familles dévoilés, les testaments ouverts. Malheur à l'homme dont le nom ressemble à celui d'un haut fonctionnaire déchu, si l'autorité apprend son arrivée, l'alarme est dans le conseil, il y a quelque conspiration carliste sur le tapis, le voyageur est arrêté, ou reçoit ordre après qu'il a prouvé sa non identité de s'éloigner du chef-lieu du département. Malheur au prêtre chassé de sa paroisse pour avoir trop aimé Charles X pendant son règne. Si cet ancien pasteur reparaît, il conspire, il ne peut visiter ses anciens paroissiens sans inspirer les plus graves soupçons à l'autorité craintive; il est surveillé, suivi pour ainsi dire à la piste de visite en visite, et reçoit enfin l'ordre de partir sans délai sous peine d'arrestation.

Nous avons au moins l'égalité des droits devant la loi, l'assurance que nous ne serons pas dépouillés, malgré nous, de nos propriétés. Nous savons que si l'état peut en exiger le sacrifice, pour cause d'une utilité publique légalement constatée, nous recevrons une indemnité préalable comme le veut le Code civil et la charte de 1830; mais une famille est placée hors du droit commun pour avoir fait le bonheur de la France pendant quinze ans, ses propriétés seront vendues; cependant le prix ne lui en sera point remis de peur qu'elle n'en fasse un mauvais usage. Qui nous assure que, malgré les dispositions de la charte, ces exceptions ne s'étendront point; qui nous assure que tout individu, soupçonné d'attachement à la légitimité, n'en sera pas frappé; qui nous assure que l'exception ne deviendra pas la règle générale.

Nous n'avons pas non plus la liberté d'enseignement, objet d'une des promesses de la révolution.

Voilà donc les biens et les maux de notre *heureuse* révolution passés en revue, le lecteur peut les compter, les peser avec im-

partialité, ajouter aux biens ceux que je puis avoir omis par igno-
rance, retrancher des maux ceux qui ne lui paraîtront pas suf-
fisamment justifiés, et prononcer entre les deux causes.

Mais cette révolution dont nous avons esquissé le tableau, en
le comparant à celui de la restauration, cette révolution qui
menace de tout envahir, qui a soulevé la Belgique, la Pologne
et plusieurs états d'Italie; cette révolution qui a armé les exilés
espagnols dont le gouvernement a arrêté les projets, qui a fer-
menté en Hanôvre, en Prusse, dans divers états d'Allemagne,
n'a pu être vaincue pendant les quinze années de la restauration.
Tantôt comprimée à contre-temps, tantôt favorisée par les mi-
nistères qui se sont succédés dans les conseils de nos rois, enfin
mise en jeu par les moyens que le ministère Polignac avait tenté
d'employer pour l'étouffer, elle ne pouvait être arrêtée après les
journées de juillet. Les révolutions ne rétrogradent jamais, a dit
un publiciste dont la maxime a toujours été confirmée par l'expérience, mais en avançant elles s'usent, le mal qu'elles ont fait
s'oublie, il ne reste plus que l'expérience et la liberté.

J'ai laissé au témoignage de leur conscience les députés qui,
appelés aux premiers jours d'août 1830 à prononcer sur le sort de
leur patrie, ont chassé du trône l'enfant que la France attendait
pour son roi. S'il eût été proclamé, nous serions resté à notre
poste, et sans doute les pairs de France, tous les magistrats ina-
movibles, que leur conscience a forcés de se retirer, eussent con-
tinué à payer à leurs concitoyens le tribut de leurs lumières et
de leur intégrité. Mais cette reconnaissance des droits du duc de
Bordeaux eût été dans ce moment un malheur, et un grand malheur de plus.

Ramené dans une ville où l'ordre avait cessé de régner, il eût
eu beaucoup de peine à se sauver du poignard qui avait frappé
son malheureux père, et après ce nouveau régicide le duc d'Orléans lui-même n'eût pas été proclamé roi, et nous tombions
nécessairement ou dans une anarchie sans fin, ou dans le despotisme militaire, et peut-être dans une guerre qui ne se serait ter-
minée qu'après que le dernier français aurait répandu tout son
sang pour la défense de l'indépendance nationale.

Quand même le jeune Henri aurait pu se sauver du poignard ou du poison, quelle éducation aurait-il reçue ? Placé comme il l'eût été sous la puissance d'un parti, le germe de ses vertus aurait été étouffé, ses mœurs auraient été corrompues, son éducation se serait arrêtée; et qu'on ne croie pas que cette combinaison du parti dominant eût été à l'avantage de la liberté. Le descendant de saint Louis, flatté par ses courtisans, comme Napoléon le fut par les siens, aurait gouverné dans l'intérêt de ce parti. Peut-être la soif des conquêtes aurait-elle enflammé son jeune courage; et pour lors élevé sans aucun principe de religion et de justice, aucune considération n'aurait arrêté l'exécution de ses projets ambitieux. La France eût été écrasée sous le poids des impôts pour satisfaire le luxe de ses maîtresses et de ses favoris, la religion aurait gémi, la France aurait pleuré sur des maux qui eussent été sans remède et sans espoir d'amélioration.

Un grand écrivain, dont j'ai toujours admiré le talent et le courage, parle de cette reconnaissance comme d'un essai qu'on aurait dû faire; mais cet essai n'aurait produit aucune expérience profitable : les maux qui ne seraient provenus que des circonstances où ce jeune roi se serait trouvé auraient été attribués à la légitimité, à la souveraineté du droit divin que l'on a tant calomniée sans la comprendre, et les plus grandes calamités auraient été amenées par une horrible révolution qui l'aurait précipité du trône de ses pères.

D'un autre côté, les Belges gémissaient sous la verge de fer d'un roi protestant. Un droit de mouture, plus vexatoire encore que nos impôts indirects, pesait sur la malheureuse population de la Belgique. On lui refusait la liberté d'élever ses enfants dans sa religion, celle de faire imprimer des ouvrages pour la défense de sa foi. Ce peuple était gêné jusque dans son langage, auquel le roi de Hollande voulait substituer le sien; ces vexations rendaient une révolution nécessaire et imminente.

Les Polonais avaient à peu près les mêmes griefs contre les Russes. Ils se rappelaient encore avec amertume le démembrement de leur royaume jadis si florissant, ils voyaient les libertés

( 18 )

qui leur avaient été promises indéfiniment ajournées. Leur culte n'était plus libre. Les Polonais n'attendaient que le moment favorable à un soulèvement.

La France regrettait aussi quelques libertés, mais les hommes religieux n'en attribuaient point au roi la privation. Ils connaissaient les vertus, les intentions pures de ce pieux monarque entravé par l'opposition d'un parti; ils gémissaient, mais ils attendaient tout du temps et de la sagesse de leur roi.

Cependant cette sagesse était insuffisante. Quelques hommes instruits le savaient, ils prévoyaient une révolution, mais ils ne la désiraient point, parce qu'ils étaient convaincus qu'elle se ferait d'abord au profit de la philosophie moderne et de l'irréligion.

Cette révolution n'en était pas moins nécessaire à la France pour la purger de cet esprit d'égoïsme qui rongeait presque tous ses citoyens.

Elle était nécessaire pour faire connaître le vide des théories professées pendant quinze ans par les journaux du libéralisme.

Elle était nécessaire pour faire connaître au peuple la philantropie, la tolérance et le désintéressement de ces hommes qui ne parlent que de faire des S.-Barthélemy de prêtres et de nobles, qui signent des associations pour l'exclusion perpétuelle des Bourbons et qui retirent leur signature parce qu'ils craignent de perdre leurs places.

Elle était nécessaire pour réconcilier le peuple avec ce clergé que les ennemis de la religion avaient représenté comme appelant de ses vœux des biens temporels qui ne furent jamais l'objet de ses désirs, comme ils l'ont prouvé lors de la grande révolution en abandonnant leurs évêchés, leurs cures, et les autres bénéfices aux loups couverts de peaux de brebis qui vinrent les supplanter.

Elle était nécessaire pour ranimer l'esprit de foi endormi dans cette majorité des Français catholiques, mais malheureusement trop indifférente pour sa religion.

Elle était nécessaire, il faut bien le dire, pour démasquer ces intrigants affamés de places, singes de libéralisme sous un gouvernement doctrinaire, et d'absolutisme sous un ministère qu'ils supposaient tendre à ce but ; hommes qui n'avaient d'autre attachement que celui de leur fortune, et d'autre opinion que celle du moment.

Elle était nécessaire enfin, pour faire sentir aux Français le vice de ce monopole universitaire qui, à quelques exceptions près, sans doute très-honorables pour ceux qui en sont l'objet, n'avait formé que des enfants ingrats, des êtres bouffis d'orgueil se croyant capables à vingt ans de gouverner leur patrie et de réformer l'univers.

L'Espagne était essentiellement catholique; aussi la Providence, qui règle dans sa sagesse la destinée des peuples et des rois, a arrêté le torrent dévastateur qui semblait devoir la ravager. Elle avait reçu une leçon terrible, elle avait su en profiter. Les ennemis du trône et de l'autel avaient été expulsés de son territoire. La Providence a permis qu'ils menaçassent de nouveau leur patrie, mais cet avertissement était suffisant, et les rebelles ont été repoussés.

Les états du saint Père et ceux de Modène ont été momentanément envahis; mais cette courte révolution leur était nécessaire pour faire connaître les perturbateurs et les expulser à jamais d'une patrie qu'ils auraient rendue malheureuse.

L'Angleterre n'a point eu de révolution depuis celle de 1688, son jour arrivera sans doute plus tard, et elle donnera au monde un exemple frappant de la juste vengeance de Dieu, et tout fait préjuger que ce jour n'est pas éloigné.

La révolution était donc nécessaire en Belgique, en Pologne, et en France pour rétablir l'esprit de religion, mais les moyens employés pour arriver à un but, quelque avantageux qu'il puisse être, ne sont presque jamais ce qu'il y a de plus beau à considérer.

Qu'on appelle la révolution de juillet *glorieuse*, il peut y avoir eu, et sans doute il y a réellement eu du courage dans les héros de juillet qui, sans armes, ont désarmé des corps-de-garde, ont assiégé des casernes, ont pris des canons, ont construit des barricades; comme il y en a eu dans leurs successeurs d'octobre, de décembre , de février et des mois suivants ; qu'on l'appelle *heureuse*, c'est ce que nous connaîtrons par ses fruits.

Mais, quoiqu'on s'accorde à considérer Louis-Philippe comme un parfait honnête homme, quoique le ministère actuel soit sans contredit le meilleur de tous ceux qui ont pesé sur la France depuis les journées de juillet , quoique les chambres manifestent les intentions les plus pacifiques , la révolution n'est pas arrêtée, elle marche à grands pas vers un autre ordre de choses ; hâter sa marche serait dangereux ; l'arrêter, ce serait la rendre encore plus redoutable ; la diriger en accordant toutes ses promesses, voilà le vrai moyen d'amener la liberté, et, par la liberté, la religion , l'ordre , la paix ; le crédit public , la confiance dans le commerce , et la prospérité nationale.

On attribue aux prétendus carlistes le désir de voir écraser la Pologne, subjuguer la Belgique, et de recevoir Henri V des mains des phalanges étrangères. Ces vœux sont loin des hommes que l'on s'efforce d'humilier après leur avoir ravi leurs moyens d'existence. Ils ne désirent point l'asservissement de la Pologne , parce qu'ils éprouvent pour ce peuple une sympathie plus forte que celle de leurs prétendus amis. Ils n'approuvent point la révolte des Polonais, parce qu'ils savent que toute puissance vient de Dieu, et que résister aux puissances, excepté en choses défendues par la loi divine , est un crime que Dieu réprouve. Mais ils désirent que les Polonais obtiennent de l'empereur de Russie les libertés civiles et religieuses qu'ils réclament.

Ils souhaitent à la Belgique un gouvernement paternel qui leur laisse la liberté d'enseignement , la liberté des cultes et la liberté de la presse.

Ils désirent pour la France une liberté pleine et entière sans aucune exception de vainqueurs et de vaincus, et dégagée de toutes les entraves de la centralisation. Ce n'est que par la liberté que la France arrivera aux principes religieux, ce n'est que par la religion qu'elle arrivera à l'ordre.

Rien n'est plus dangereux à un état que d'émettre des principes et de les arrêter dans leur marche. Si le principe est juste, il peut à la vérité produire sans danger toutes ses conséquences ; mais s'il est mauvais, il brisera tout ce qui tentera d'arrêter son passage, et ce ne sera que lorsqu'il aura parcouru sa carrière que l'on acquerra, mais trop tard, la connaissance de sa fausseté.

Deux principes ont été professés lors de la révolution de juillet, la souveraineté du peuple, la liberté.

De la souveraineté du peuple dérivent toutes les conséquences énoncées dans le contrat social de Jean-Jacques Rousseau, c'est-à-dire, l'affranchissement de toute autorité, même de l'autorité paternelle, et l'inaliénabilité de ces droits de souveraineté.

Mais si ce principe est vrai, l'homme ne peut se choisir un roi, et s'il l'a choisi, il peut le destituer à son gré. Lyon, Bordeaux peuvent choisir un autre roi que Paris, les soldats un autre roi que les prêtres; les avocats, les médecins, chaque profession se choisiront le leur; les individus des diverses villes, des diverses corporations peuvent ne pas être d'accord entre eux, et la majorité n'a aucun droit de souveraineté sur la minorité. Si le roi de Paris est le plus fort aujourd'hui, demain celui de Lyon peut l'emporter sur lui. Si je conspire contre l'ordre de choses établi, j'use de ma souveraineté, je ne suis point coupable, je ne puis être soumis à un jugement, puisqu'étant souverain je ne puis être contraint d'obéir à une loi que je n'ai point faite ou que je puis défaire à mon gré! En attaquant les voyageurs sur un grand chemin j'use du droit de guerre, du droit de conquête, je ne suis justiciable que de mon épée ou de mon poignard.

Voilà à quoi nous amène cette souveraineté du peuple que l'on a tant prônée au commencement de notre dernière révolution, pour en rejeter les conséquences comme subversives de tout ordre public.

Mais ces conséquences n'en ont pas moins eu lieu; Hubert, traduit devant le tribunal de Paris, use de sa souveraineté en insultant le président de la chambre qui, d'après son avis, le jugeait illégalement; les élèves, traduits devant le conseil universitaire, déclinent sa juridiction, et usent de leur prétendu droit; ils brisent les meubles et déchirent les registres de l'université. Les perturbateurs d'octobre, de décembre et de février usent de leur droit de coalition, du droit de former leur sainte alliance.

Les membres des associations patriotiques, dont le but soupçonné est l'établissement d'une république, se liguent entre eux, comme les rois vaincus par Louis XIV se liguèrent pour abaisser sa puissance. Voilà les conséquences du principe de la souveraineté du peuple mises en pratique; en un mot, ce principe nous amène à l'état de nature sauvage, au droit du plus fort, c'est-à-dire à la négation de tout droit.

Mais, nous dira-t-on, vous admettez donc la souveraineté de droit divin, le pouvoir absolu, le despotisme oriental?

Non, nous ne sommes point partisans du despotisme oriental. Ce gouvernement dont la force est basée sur la crainte des muets et de l'envoi du cordon, est subversif de toute liberté; il nivelle les positions sociales placées au-dessous du despote, comme la souveraineté du peuple les nivelle toutes, il produit les mêmes crimes, et cela parce qu'il n'est point légitime, et qu'il ne tire point sa force et de la morale et de l'obéissance volontaire du peuple. Aussi ce gouvernement est-il aussi précaire que ceux qui ont été élevés par le caprice des factions populaires. Un sultan est assassiné, il fait place à un successeur qui bientôt est privé du trône et de la vie par un voisin mécontent ou qui craignait pour ses propres jours.

Nous sommes partisans de la souveraineté du droit divin; mais qu'on ne se méprenne point sur notre manière d'envisager ce droit. Nous ne prétendons point qu'un pays doive être considéré comme la propriété exclusive d'une famille, qu'un roi puisse user et abuser de la vie, de la fortune et de la liberté de ses sujets, comme un propriétaire peut user et abuser d'un troupeau qui lui appartient. A Dieu ne plaise que nous professions une pareille doctrine, qui ferait d'un gouvernement légitime un despotisme barbare et sanguinaire, et forcerait les sujets à obéir aux ordres les plus injustes, parce que le maître l'aurait voulu.

Mais nous reconnaissons qu'il n'existe dans l'univers qu'un seul roi dont les princes de la terre ne sont que les lieutenants. Ce roi invisible est le créateur lui-même, à qui nous devons la vie, nos biens, le bonheur dont nous jouissons sur cette terre de passage, et même les châtiments qui nous préparent à reconnaître nos

fautes dans ce monde, pour nous amener à une meilleure vie.
Dieu avait choisi un peuple pour être le dépositaire de sa révé-
lation et de ses promesses. Ce peuple fut soumis immédiatement
à l'autorité divine, quoique sous le gouvernement de magistrats
appelés juges que Dieu choisissait et suscitait lui-même.

Voltaire a dit :

> Le premier qui fut Roi fut un soldat heureux.

Et moi je dis :

> Le premier qui fut Roi fut un père de famille.

Sans exclure les diverses formes de gouvernement qui peuvent
convenir à tel ou tel peuple, et qui toutes sont légitimes lorsqu'elles font le bonheur des citoyens, et qu'elles ont l'assenti-
ment de la partie la plus saine, la plus vertueuse, la moins égoïste
de la nation. Je ne puis trouver de gouvernement plus parfait que
celui que Dieu lui-même a institué dans chaque famille. Un père
a sur ses enfants un pouvoir qui n'a d'autres limites que sa volonté,
soumise aux lois générales de la société : il est roi de sa famille.

Lorsque les hommes jouissaient d'une très-longue vie, la puissance paternelle dut avoir une plus grande extension que celle
qu'elle a aujourd'hui ; le premier homme dut gouverner un peuple immense de descendants. Mais après le déluge et la confusion
des langues, les hommes se dispersèrent ; ce fut alors qu'ils oubliè-
rent leurs premières institutions, et que des conquérants s'éle-
vèrent. Cependant les Égyptiens conservèrent ce type du gouvernement paternel, leur roi était absolu pendant sa vie ; mais après
la mort qui détruit toute autorité humaine, il était jugé avant
d'être admis à la sépulture royale. Les Chinois, peuple le plus
ancien de la terre, après le peuple Juif, ont un gouvernement
paternel, et si ce pays a subsisté un grand nombre de siècles
sans éprouver de bouleversement, malgré les diverses conquêtes
des Tartares, il le doit à l'autorité paternelle de l'empereur.

Le règne de la race de Hugues Capet n'a été si long et si glo-
rieux que parce que nos rois regardaient leurs sujets comme
leurs enfants, et que les Français avaient pour leurs rois l'amour
et le respect que l'on a pour un père.

Lorsqu'une dynastie monte sur un trône, elle n'y monte donc que pour exercer un pouvoir semblable à celui de la divinité, un pouvoir paternel; la légitimité vient de la confirmation que Dieu donne à l'établissement d'une puissance. Jusqu'à cette confirmation elle n'est qu'une usurpation ou un pouvoir de fait. Ainsi la souveraineté de Pepin le Bref fut un pouvoir usurpé, celle de Charlemagne fut légitime. Celle d'Hugues Capet fut usurpée pour tout ce qu'il ne possédait point avant son élévation, mais elle devint bientôt légitime par suite du consentement de toute la nation.

Bonaparte toucha à la légitimité, non point en vertu des votes qui l'appelèrent à l'empire, parce que ces votes ne furent point libres, pas plus que ceux qui furent donnés plus tard aux actes additionnels; mais parce qu'il fit concevoir l'espérance qu'il rendrait la France heureuse, et qu'il rallia autour de sa bannière presque toute l'élite de la nation. Cependant il ne put résister à l'ascendant de l'ancienne légitimité, le souvenir des descendants de saint Louis se réveilla dans le cœur des Français; Louis XVIII fut rappelé, et Bonaparte, lors de son retour en 1815, ne regagna point la dernière légitimité que la rentrée de Louis XVIII lui avait fait perdre.

On voit, par ce que je viens de dire, que les peuples ne sont pas faits pour les rois, mais les rois pour les peuples; que les meilleurs gouvernements sont ceux qui assurent le bonheur, la sûreté, la prospérité plutôt que la gloire des nations; et que le gouvernement le meilleur est aussi le plus légitime.

Mais comme la stabilité contribue puissamment à assurer la tranquillité, le bonheur et la prospérité, il a été reconnu en principe qu'un pouvoir légitime ne cessait de l'être que lorsque la légitimité serait passée à celui qui lui succéderait.

On parle beaucoup de l'imprescriptibilité des droits des peuples et des rois, mais cette imprescriptibilité est une erreur. La prescription, nous dit un adage de jurisprudence, est la patronne du genre humain; elle assure la tranquillité en empêchant le retour de prétentions quelquefois chimériques, toujours inopportunes. Mais quel est le temps nécessaire à la prescription des droits des peuples et des rois ?

Aucun temps n'est fixé pour la prescription contre les droits d'un peuple conquis, lorsque le gouvernement qui l'a opprimé n'est jamais parvenu par sa justice et sa douceur à lui faire oublier son ancienne situation; ainsi les Turcs n'avaient point prescrit contre les Grecs, les Hollandais contre les Belges, les Russes contre les Polonais, parce que assujétis par la conquête, ou par des traités qui leur étaient étrangers, rien n'avait été fait pour leur bonheur, et que leur liberté légitime avait été opprimée.

Mais les Français peuvent-ils rappeler des souvenirs plus heureux que ceux des règnes de saint Louis, de Charles V, de Louis XII, d'Henri IV, de Louis XVIII, je dirais aussi de Louis XVI et de Charles X. Si la fin des règnes de ces deux bons rois n'avait été une catastrophe, qu'est-ce qui a pu empêcher la légitimité des Bourbons en Espagne et à Naples, celle du successeur de saint Pierre dans la Romagne?

Un changement de dynastie est toujours un malheur dans son principe, parce qu'il ne peut être amené qu'avec violence, en changeant les positions sociales d'un grand nombre de citoyens, et en appelant le désordre dans les états. Celui qui s'est opéré en France a eu pour résultat, outre les maux qu'il nous a apportés, le bouleversement de l'Europe. Mais, comme le dit M. le vicomte de Châteaubriand, le genre humain se perfectionne, lors même qu'il semble se détériorer; la Providence fait marcher l'espèce humaine à une amélioration proportionnée aux maux qu'elle a soufferts. Ainsi soit que la dynastie de Louis-Philippe soit destinée à acquérir cette légitimité, sans laquelle il ne peut y avoir ni ordre ni bonheur; soit que l'enfant de l'exil soit appelé à relever la gloire de son antique dynastie; soit que Dieu nous réserve un roi inconnu qui donne à la France une nouvelle ère de bonheur et de prospérité, nous ne serons point abandonnés dans nos revers; le royaume, placé par Louis XIII sous la protection de la reine du ciel, se relèvera de ses ruines; il reprendra à la tête des nations civilisées le rang que lui donnèrent Charlemagne, saint Louis et Louis XIV.

Mais cette amélioration ne peut arriver que par la religion, et celle-ci ne doit recevoir tout son lustre que de la liberté.

Nous marchons à grands pas vers cette liberté que l'on croyait avoir conquise en juillet, mais qui ne pouvait sortir pure, des mains de la révolte, de l'égoïsme et de la cupidité.

Au lieu de liberté, nous n'avons acquis que l'oppression; les vainqueurs, eux-mêmes, sont poursuivis, enfermés dans les cachots, tandis que les paisibles vaincus osent à peine faire entendre leur voix pour manifester leurs regrets, et voyent leurs domiciles violés par des visites aussi absurdes qu'arbitraires.

La chambre des députés a dit qu'elle avait sauvé la France, je pense aussi que, quelles que fussent ses intentions, lorsqu'elle a nommé un roi, elle a plus assuré le salut de notre patrie, que si, dans la situation où se trouvaient les esprits, elle eût proclamé le duc de Bordeaux, et j'ai donné les raisons de mon opinion à cet égard. Mais si elle ne dirige pas le mouvement pour empêcher l'anarchie, si elle veut faire reculer ou arrêter la marche de la révolution, si les trois pouvoirs ne s'empressent pas de rallier tous les partis, en leur accordant à tous la liberté, après laquelle ils soupirent également, et à laquelle ils ont un droit égal, la digue qu'ils opposeront au torrent se rompra; le Roi, les chambres seront culbutés, entraînés dans les abymes, et la véritable liberté ne naîtra qu'après que des torrents de sang auront coulé par suite d'une horrible anarchie.........

Les journaux ministériels nous assurent des bonnes intentions du Roi et des chambres. Louis-Philippe, nous disent-ils, n'a accepté le trône que pour empêcher l'anarchie, pour rallier tous les Français, pour faire le bonheur de la nation. Je veux bien croire à la sincérité de ces intentions. Mais elles doivent être prouvées plus que par des paroles. Les temps n'existent plus où l'on pouvait bercer les peuples par des promesses fallacieuses; une mesure prise par Charles X, pour résister à une conspiration flagrante, a été considérée comme une violation de la charte, et il est tombé........ que Louis-Philippe se rappelle les menaces qui lui ont été adressées par ceux qui ont placé la couronne sur sa tête , et qu'il se hâte de tenir ses serments, en donnant à la France la plus large liberté.

Je n'appellerai point de ce nom le droit de piller les évêchés , les églises et les séminaires , d'insulter les prêtres et les prétendus carlistes , de faire des émeutes et de troubler le commerce. Ceci n'est que la licence, le droit du plus fort, qui entraîne l'oppression du plus faible ou du plus paisible , et le malaise de tous.

Mais j'appellerai liberté le droit de tout propriétaire ou commerçant de faire partie de la force destinée à garantir les propriétés et l'industrie, et de nommer les officiers qui doivent la commander.

J'appellerai liberté le droit de chaque citoyen actif de nommer son maire, ses adjoints , ses conseils de commune, d'arrondissement et de département , et l'affranchissement des délibérations de ces conseils du contrôle ministériel.

J'appellerai liberté le droit de tout homme libre, indépendant, par sa position ou par l'état qu'il exerce , de concourir à la nomination de ses députés.

J'appellerai liberté le droit au clergé de nommer aux évêchés vacants , le droit aux évêques de choisir les directeurs de leurs grands et petits séminaires.

J'appellerai liberté le droit de former des établissements d'instruction publique religieux ou séculiers sans qu'ils puissent être astreints aux rigueurs du monopole universitaire , et à la déclaration prescrite par les ordonnances du 16 juin.

J'appellerai liberté le droit de former des associations ou communautés religieuses, sous tel nom et avec telle règle que les fondateurs jugeront à propos.

Enfin j'appellerai liberté l'affranchissement des boissons de ces droits ruineux et vexatoires inventés pour les besoins du gouvernement impérial , et conservés par la restauration malgré la promesse qu'elle avait faite de les abolir.

Si la France trouve son bonheur dans ces libertés protégées par Louis-Philippe, et à l'abri de son trône , je féliciterai ma patrie de l'heureuse situation où elle sera parvenue; retenu par mes anciens serments , je ne pourrai jamais m'associer à ce gouver-

nément , mais je lui rendrai justice avec la plus grande impartialité, et nos enfants pourront , lorsqu'ils auront atteint l'âge de
se rendre utiles à leur patrie , confirmer la légitimité de la nouvelle dynastie.

Mais il ne suffit pas au gouvernement nouveau de proclamer
en droit ces libertés désirées; il faut qu'il les fasse respecter;
il faut qu'il emploie la force dont il est revêtu à détruire
tous les obstacles qui pourraient s'opposer à leur développe-
ment.

Alors les prêtres du Seigneur, suivant le précepte de S. Paul ,
qui commande la soumission aux puissances, prêcheront l'obéissance à Louis-Philippe , comme ils ont engagé leurs troupeaux à
la garder à Charles X. Il n'existera plus entre le gouvernement
et le clergé cet esprit qui inspire au roi et à ses agents des dé-
fiances que le clergé ne mérite pas , et aux prêtres du Seigneur
la crainte de voir surgir de nouveau les réclusions , les dépor-
tations, les échafauds. Le peuple, devenu heureux par les bienfaits de la liberté , voyant les prêtres participer à cette liberté
dont ils ne jouirent jamais entièrement sous la restauration , ne
verra dans les ministres de la religion que des citoyens heureux
comme eux , mais plus éclairés , et écoutera leurs avis avec plus
de docilité. Les pères de famille , libres de choisir pour l'éducation de leurs enfants les établissements qu'ils jugeront à propos,
choisiront toujours les plus religieux et les plus moraux. La
génération qui suivra la nôtre ne cherchera point à s'enrichir par
des usures, la religion sera pratiquée avec zèle , sans persécu-
tion ; chaque citoyen sera bon père, bon époux , et remplira tous
les autres devoirs de son état : cette révolution de mœurs s'opé-
rera encore plus facilement en Pologne et en Belgique, où la foi
est moins affaiblie. Alors les peuples voisins de ces heureuses nations verront avec admiration que les lumières de la foi catholique sont les seules qui éclairent réellement les hommes et les dispo-
sent au bonheur; les rois les plus absolus, les républiques les plus
exclusives, reconnaîtront les bienfaits de la religion, ils ne se méfie-
ront plus de leurs peuples auxquels elle aura enseigné leurs véritables devoirs ; et si en France, en Belgique, en Pologne, la liberté

nous amène à la pratique de la religion , et de là au bon ordre et à la prospérité , chez d'autres , la pratique des vertus chrétiennes conduira les peuples à la liberté par la religion.

Mais si le gouvernement s'obstine à refuser les conséquences de la révolution de juillet , si , après nous avoir donné un droit illusoire de souveraineté , on nous retient dans les langes de la faction doctrinaire , le ministère le plus sage , le plus fort , ne pourra se défendre long-temps des attaques des ennemis de l'ordre. Ce ne seront point les hommes que l'on appelle *carlistes*, *congréganistes*, *jésuites*, c'est-à-dire les hommes religieux, qui lèveront l'étendard de la révolte et de la destruction; ces hommes plus courageux que les impies sur un champ de bataille, parce qu'ils espèrent qu'une mort glorieuse sera suivie d'une bienheureuse immortalité, ne se montrent jamais dans les émeutes populaires; ce n'est point la mort qu'ils redoutent, mais ils craignent de paraître devant le tribunal du juge éternel avec des mains souillées du sang de leurs frères. Ils peuvent regretter un gouvernement légitime, mais ils demeurent soumis au gouvernement de fait, en attendant que Dieu ait fait connaître le jugement qui doit rappeler l'ancienne dynastie sur le trône, ou assurer la légitimité à la nouvelle.

Ce n'est donc point de ces hommes que le gouvernement a à craindre sa chute, quelque peu empressé qu'il soit à leur accorder les libertés qu'ils demandent aussi; mais ces hommes seuls pourraient lui donner assez de force pour lutter avec avantage contre les ennemis de l'ordre et de la paix; et s'ils ne font rien pour renverser un gouvernement qui les opprime, ils ne se montreront pas cependant disposés à le défendre au jour du danger.

Ces libertés nous sont refusées, parce qu'on craint l'influence des prêtres sur les habitans des campagnes; mais rendez à ceux-ci la liberté et l'égalité des droits qui leur sont si opiniâtrement refusés, même depuis 1828, et cette influence ne sera plus hostile si elle l'a été jusqu'à ce jour.

Mais, puisque le roi n'a accepté le trône que pour le bonheur de la France, qu'il consulte, qu'il laisse entrer dans les chambres les hommes animés du même désir, qu'il affranchisse du serment les pairs, les députés, les électeurs scrupuleux; ceux-ci sans serment sont bien moins redoutables que ceux pour qui le serment n'est qu'une vaine formalité. Mais si une chambre nouvelle, envoyée par la France libre, éclairée par l'expérience du passé, paraissait désirer l'abdication du nouveau roi, qu'il descende noblement du trône où il a cru être appelé par le vœu de la nation; qu'il concoure à l'établissement du nouveau gouvernement que la France manifestera le désir de posséder. Cette conduite, digne de ses sentimens généreux, le couvrira de gloire; sa chute n'aura rien de honteux, elle sera bien plus honorable encore que son élévation.

FIN.

www.ingramcontent.com/pod-product-compliance
Lightning Source LLC
Chambersburg PA
CBHW061716060726
47597CB00006B/2411